애나 클레이본 글　루크 새깅 머기 그림

멍 멍!

사고뭉치들과 함께하는

정아영 옮김

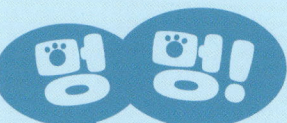

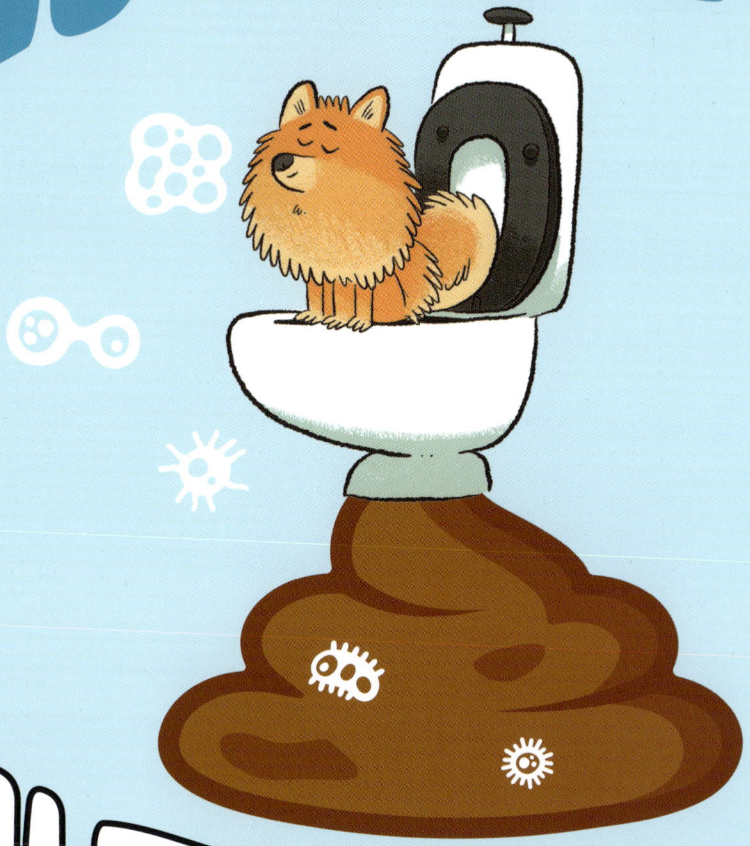

생물 이야기

스푼북

글 **애나 클레이본** Anna Claybourne

영국 요크셔주에서 어린 시절을 보낸 뒤 옥스퍼드 대학교에서 영문학을 공부했어요. 현재는 프리랜서 작가와 편집자로 활동하고 있답니다. 과학과 자연 분야에 관심이 많아서 야생 동물, 화산, 지진 등에 관한 책을 썼어요. 국내에 소개된 책으로 《뜨거운 지구》《참 쉬운 진화 이야기》《열두 살 궁그미를 위한 지구과학》《멍멍! 사고뭉치들과 함께하는 물질 이야기》 등이 있어요.

그림 **루크 새깅 머기** Luke Séguin-Magee

어렸을 때부터 여동생을 위해 캐릭터를 만들어 낙서하기를 즐겼어요. 이후 캐나다에서 미술을, 덴마크에서 디자인을 공부했어요. 일러스트레이션과 애니메이션 작업을 하다가, 지금은 어린이를 위해 엉뚱한 이야기와 만화를 만들고 있답니다.

옮김 **정아영**

고려대학교 정치외교학과를 졸업했어요. 한겨레 어린이·청소년 책 번역가 그룹에서 활동한 뒤, 다양한 독자를 위한 번역 작업을 이어가고 있답니다. 옮긴 책으로 《세상이 확 달라지는 정치 이야기》《오줌 X파일》《과학의 미래가 여성이라면》《진실 탐정이 되자》《멍멍! 사고뭉치들과 함께하는 물질 이야기》 외 여러 권이 있어요.

사고뭉치들과 함께하는 생물 이야기

초판 1쇄 발행 2025년 9월 30일 | **글** 애나 클레이본 | **그림** 루크 새깅 머기 | **옮김** 정아영

발행처 주식회사 스푼북 | **발행인** 박상희 | **총괄** 김남원

편집 길유진 박선정 이민주 이지은 | **디자인** 권수아 정진희 | **마케팅** 박병건

출판신고 2016년 11월 15일 제2017-000267호 | **주소** (03993) 서울시 마포구 월드컵북로6길 88-7 ky21빌딩 2층

전화 02-6357-0050(편집) 02-6357-0051(마케팅) | **팩스** 02-6357-0052 | **전자우편** book@spoonbook.co.kr

ISBN 979-11-6581-607-0 (77400)

＊책값은 뒤표지에 있습니다.

＊잘못 만들어진 책은 구입하신 곳에서 바꾸어 드립니다.

Dogs Do Science: Living things
Text by Anna Claybourne
Illustrations by Luke Séguin-Magee
First published in Great Britain in 2023 by Wayland
Copyright © Hodder and Stoughton Limited, 2023
Korean edition copyright © Spoonbook, Inc., 2025
All rights reserved.

 제품명 멍멍! 사고뭉치들과 함께하는 생물 이야기
제조자명 주식회사 스푼북 | **제조국명** 대한민국 | **전화번호** 02-6357-0050
주소 (03993) 서울시 마포구 월드컵북로6길 88-7 ky21빌딩 2층
제조년월 2025년 9월 30일 | **사용연령** 4세 이상
※ KC마크는 이 제품이 공통안전기준에 적합하였음을 의미합니다.

⚠ 주 의

아이들이 모서리에 다치지 않게 주의하세요.

차례

댕댕이와 함께 신기한 생물의 세계로! · 4

래브라도리트리버의 점심시간 · 6

포메라니안과 강아지 똥 · 8

우주로 나간 댕댕이 · 10

겁 많은 프렌치 불도그 · 12

안내견 독일셰퍼드 · 14

댕댕이의 시간 여행 : 1871년으로! · 16

콜록콜록, 퍼그와 예방 접종 · 18

파피용과 식물들 · 20

아주 특별한 퀴즈 스패니얼의 '생물 분류 대탐험' · 22

뉴펀들랜드와 산책길의 새 둥지 · 24

그레이트데인은 괴로워! · 26

머리에 쏙쏙 '생물' 총정리 · 28

푸들의 깜짝 퀴즈 · 30

정답 · 32

댕댕이와 함께 신기한 생물의 세계로!

아이리시울프하운드네 집

하암~! 아침이다!
슬슬 주인을 깨우러 갈까?

냐옹이 녀석, 언제 와 있었지?

흠냐옹~.

그때……

엇? 파리다!
파리나 쫓자!

위이이잉!

멍멍!
크르르, 멍!

위이이이이잉!

그날 오후,
산책 중……

야호, 다람쥐다!

새다,
새!

왈,
왈!

이런, 길을
잃었어!

그런데 이건 뭘까?

이 사고뭉치! 그건 건드리면 안 돼. 독버섯일지도 몰라!

내가 알 턱이 없잖아! 그런데 이건 왜 여기 있는 거지?

잠깐! 버섯, 나무, 다람쥐, 고양이, 파리……, 세상이 온통 살아 있는 것들 천지네?

왜 그런지 궁금하니? 세상에서 제일 똑똑한 비숑, 푸치 교수가 알려 줄게!

세상에는 정말 다양한 생물이 있어. 식물, 동물, 버섯과 독버섯……. 눈에 안 보이는 세균도 있지!

으악! 세균? 어디에요?

어디든! 지구엔 생물이 없는 곳이 거의 없어! 그리고 그 종류는 자그마치 수백만 가지나 돼. 우리 과학자들은 이런 생물의 종류를 '종'이라고 불러.

울프하운드, 우리도 모두 생물이야. 넌 뭐든 쫓고 냄새 맡는 걸 좋아하잖아? 그게 댕댕이의 본능이야! 아주 자연스러운 행동이지.

우아, 파리다!

좋아! 이번에도 출발해 보자고. 도베르만 조수, 나를 따라와!

〈댕댕이를 위한 '생물'〉 푸치 교수 지음

래브라도리트리버의 점심시간

드디어 점심시간!

얼른 점심 먹고 싶다. 배고파 쓰러지겠어!

하긴, 오늘 별로 먹은 게 없으니까! 아침이야 먹었지. 음……, 두 그릇? 그다음에 냉장고에서 몰래 꺼낸 소시지 하나, 바닥에서 주운 쿠키도 하나……. 그게 전부잖아? 배가 고픈 게 당연하네!

맛있다, 맛있어!

웩! 식사 예절이 엉망진창이네.

후루룩! 우적! 쩝쩝!

미안해, 나도 모르게 그만……. 난 왜 먹어도 먹어도 배가 고플까?

도대체 네가 먹은 그 많은 음식은 어디 간 거야?

잠깐만……. 정말 어디로 사라진 거지?

궁금해서 못 참겠어! 이 책을 읽어 보자!

잠깐, 내가 먼저 볼래! 딱 봐도 댕댕이용 책이잖아! 자, 어디 보자…….

아하, 이제 알겠다! 모든 생물은 살아가려면 영양분이 필요한데,
개나 고양이 같은 동물들은 음식을 먹어서 얻는대!

음식은 식도를 지나……,

위로 간 다음……,

장으로 내려가.

장은 음식 속 영양소를 흡수해서
온몸으로 전달해 주는군!

배고픈 래브라도리트리버

아하! 그건 알겠어. 하지만
네가 끝도 없이 먹는 이유는
아직 설명이 안 됐는걸?

잠깐, 내용이 더 있어!
"래브라도는 유난히
식탐이 많다."

뭐? 식탐?
말이 좀 심하네!

《댕댕이를

래브라도는 배가 부르다는 걸
알려 주는 물질이 부족한
경우가 많대. 그래서 자꾸 더
먹고 싶어 하는 거래!

어쩐지!
이유가 있었네.

유익한 정보로군!
그럼 슬슬 간식이나
먹으러 가 볼까?

7

포메라니안과 강아지 똥

즐거운 공원 산책 중……

앗! 신호가 온다!

아유, 시원해!

얼른 치우자!

주워서,

반려견 배변 쓰레기통에 쏙!

그런데 잠시 후……

세상에, 이게 뭐야?

길 한복판에 똥을 쌌다고?
이걸 치우지도 않고 그냥 간 거야?
으윽, 너무 더러워.
이런 일 때문에 안 그런 개들까지
괜히 미움받는 거잖아!

거기, 잠깐!

저기, 저거 혹시 네 똥이야?

음……. 그런 것 같기도 하고…….

그럼 네 주인이 책임지고 치워야지!

컹컹! 컹컹!

어머!

길에 싼 강아지 똥은 꼭 치워야 해. 그건 상식이라고!

그런데 왜?

나도 잘은 몰라. 하지만 푸치 교수님이라면 분명 아실 거야.

물론, 알고말고! 귀염둥이 포메라니안!

우리 장 속에는 아주 작은 박테리아가 살고 있어. 박테리아는 먹은 음식을 몸에 좋은 물질로 바꿔 주지. 똥은 소화되고 남은 찌꺼기야. 똥에는 박테리아도 섞여 있는데, 몸 밖으로 나와서 질병을 퍼뜨릴 수 있지. 또 똥에서 심한 냄새가 나는 이유이기도 해.

이래서 강아지 똥은 반드시 치워야 하는 거라고!

냄새나는 똥

아주아주 작은 박테리아

댕댕이들도 사람처럼 변기를 쓸 순 없을까요?

좋은 질문이야, 도베르만 조수. 사람처럼 변기 쓰는 법을 배우는 댕댕이들도 있긴 해! 하지만 흔하진 않지. 보통은 변기에 앉는 자세를 따라 하기 어렵거든.

게다가 작은 녀석들은 풍덩, 빠질 수도 있지!

으악!

우주로 나간 댕댕이

스코티 중위, 우리가 외계 생물을 찾아 나선 지도 벌써 나흘째야. 그런데 아직 단서 하나 못 찾았다니, 이게 말이 돼? 외계 댕댕이는커녕 아무것도 없잖아!

제 말이요, 캡틴. 외계 생물이 정말 있긴 한 건지 이젠 모르겠어요.

흠……. 아무래도 좀 더 조사를 해 봐야겠군!

난센스 퀴즈!

외계인이 왜 광대를 뱉어 냈게~요?

그야 너무 웃긴 맛이니까요!

지금껏 물도 있고, 생물이 살 수 있을 만큼 따뜻한 행성이나 위성은 많이 발견되었다. 하지만 외계 생물은 단 한 번도 발견되지 않았다! 결국 생물이 존재하는 행성은 오직 하나, 지구뿐이다.

과학자들에 따르면, 설령 외계 생물을 찾더라도 우리가 생각하는 댕댕이나 그보다 큰 크기일 가능성은 낮다. 오히려 지구의 박테리아처럼 현미경으로 봐야 겨우 보일 만큼 작디작은 생물일 거라고 한다. 그렇다, 우리 똥 속에도 있는 바로 그 박테리아!

우주 어딘가에 똑똑한 외계 생물이 있다면, 이미 우리에게 접촉을 시도했을 수도 있다. 그런데 스코티 중위가 또 다른 가능성을 내놓았다. 외계 생물은 정말 존재하지만, 너무너무 똑똑해 스스로를 안 보이게 만드는 법을 터득해서 우리 눈을 피해 숨어 있을지도 모른다는 것이다!

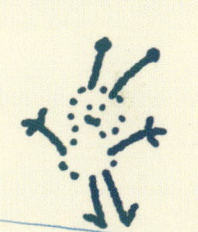
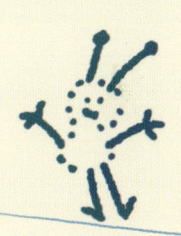

기타 발견 사항:

- 태양계 안에도 생물이 있을지 모른다고 생각되는 곳이 있다. 바로 화성과 금성 같은 행성들, 그리고 목성의 위성인 이오와 유로파, 토성의 위성인 타이탄과 엔켈라두스!
- 넓은 우주에는 생물이 살기에 알맞은 환경을 갖춘 행성이 훨씬 더 많다. 과학자들은 이런 행성을 '골딜록스 행성'이라고 부른다.

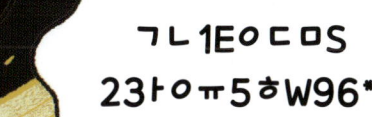

포기! 스코티 중위, 이제 집에 가서 따뜻한 저녁이나 먹자!

ㄱㄴ1ㅌㅇㄷ㎳ 23ㅏㅇㅠ5ㅎW96*

뿡!

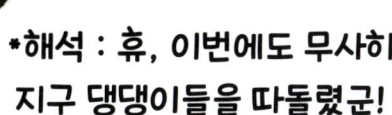

*해석 : 휴, 이번에도 무사히 지구 댕댕이들을 따돌렸군!

겁 많은 프렌치 불도그

야호~! 꼭대기까지 달려가야지!

천천히 가자꾸나, 얘야!

킁킁~. 진한 풀 냄새! 앗, 나뭇가지다!

어라, 저게 뭐지?

너무 신경 쓰여. 계속 모양이 바뀌잖아!

특히 저 모양은…….

으아악! 괴물이잖아! 괴물이 날 잡으러 온다!

무서워, 집에 갈래!

아니, 이번엔 어딜 가는 게냐? 이리 오렴!

집에 돌아와서……

언덕 꼭대기에 도착하니 괴물이 있더라니까! 하늘에 떡하니! 게다가 점점 더 커졌어! 눈도 있고 입도 있었다고!

12

정확히 어떻게 생겼는데?

엄청나게 컸어! 색은 회색에다 푹신푹신해 보였어!

더 들어 볼 것도 없이 구름이네, 구름. 전혀 위험하지 않다고!

뭐? 하지만 움직였는걸! 살아 있었다니까!

살아 있는 게 아니래도! 자, 여길 읽어 봐.

〈댕댕이를 위한 '생물'〉 푸치 교수 지음

구름은 움직이기도 하고, 커지기도 해. 파도나 수정도 마찬가지지. 그런데 생물은 더 많은 걸 할 수 있어. 움직이고 커지는 것뿐 아니라 음식을 먹고, 몸에서 쓰고 남은 찌꺼기를 내보내며, 자신과 똑같은 새끼도 낳을 수 있지.

무생물			생물		
구름	파도	수정	먹는다.	똥을 싼다.	새끼를 낳는다.

구름이 밥 먹고, 똥 싸고, 새끼를 낳니?

음……, 아니!

그래, 구름은 살아 있는 게 아니니까!

휴! 그렇구나.

잠시 후……

으악! 저 괴물 좀 봐, 옷을 먹고 있어! 살아 있잖아!

안내견 독일셰퍼드

난 몇 달간의 고된 훈련 끝에 공식 안내견이 된 독일셰퍼드야, 에헴! 오늘은 새 가족과 함께 살게 된 첫날이지.

우리는 막 나가려는 참이야!

그럼 장 보러 가 볼까? 자, 출발!

나는 앞을 볼 수 없는 주인에게 길을 안내하고, 또 안전하게 다닐 수 있도록 도와.

장애물이 있으면 금방 알아차리지.

눈과 귀로 위험한 게 없는지 살피는 건 기본이라고.

부릉!

킁킁! 윽, 냄새! 강아지 똥은 슬쩍 피해 갈 거야.

다 왔어요!

······댕댕이 간식도 한 봉지 주세요.

신난다, 왈!

댕댕이의 시간 여행 : 1871년으로!

안녕하세요? 푸들 박사예요. 사실 제겐 비밀이 있어요. 차차 설명해 드릴테니 일단 타임머신에 얼른 타세요!

오늘은 최고의 생물학자, 찰스 다윈을 만나러 가요. 다윈이 아꼈던 댕댕이도요!

시간 : 1871년 | 장소 : 영국, 찰스 다윈의 집

맙소사, 저게 뭐지? 내 정원에 웬 정체 모를 기계가! 너는 알겠니, 폴리?

놀라셨나요? 전 21세기에서 시간 여행을 온 푸들 박사랍니다!

멍! 멍!

오, 참 근사한 친구로구나! 푸들인 것 같기도 하고, 아닌 것 같기도 하고? 이 아이는 폴리, 폭스테리어지. 아주 똑똑해.

찰스 다윈은 댕댕이를 무척 좋아했어요. 그래서 연구도 열심히 했답니다.

허허, 그렇단다. 개 품종 연구는 진화를 이해하는 데 큰 도움이 됐지.

사람들은 서로 다른 특징을 가진 개들을 교배시켰고, 시간이 지나면서 다양한 종류의 개들이 태어났어.

야생에서 살아가는 생물들도 모두 달라. 저마다 다른 환경에서 살아남는 데 도움이 되는 특징을 가졌지. 시간이 흐르면 생물들은 변화하고 진화해서, 점점 더 다양한 종이 생겨난단다!

용감한
독일셰퍼드

사랑스러운
스패니얼

영리한
폭스테리어

지금은 어떤 연구 중이신가요, 다윈 박사님?

사람과 동물이 감정을 표현하는 방식을 연구하고 있어. 폴리가 날 도와주고 있지! 개와 사람은 비슷한 점이 많은 데다, 서로의 표정을 이해할 수 있거든.

진짜예요. 제가 이렇게 슬픈 표정을 짓기만 하면……,

다윈 박사님이 간식을 주세요!

무슨 일이니, 우리 귀여운 폴리? 자, 이거 먹으렴!

정말 다정하시군요. 그럼 저는 이제 집으로 돌아갈게요. 안녕히 계세요!

잘 가거라! 참, 너는 무슨 견종이니?

'후들'이라고 해요! 푸들은 반만 섞여 있지요.

멋지구나!

이거 아세요?

찰스 다윈은 세계 여러 지역의 생물을 연구하기 위해 배를 타고 여행했어요. 그 배 이름이 '비글호'였지요.

멍멍!

콜록콜록, 퍼그와 예방 접종

어느 가을날 아침

산책하고 싶어! 언제쯤 나가려나?

그러나……

미안해, 댕댕아. 오늘 몸이 영 안 좋아서 나가기 힘들 것 같아.

훌쩍, 팽!

어라? 무슨 일이지?

에, 에~, 에취!

재채기를 하잖아!

게다가 몸은 으슬으슬 떨고 열이 펄펄 끓어! 정말 이상한걸?

다시 침대로 가서 누워야 겠어.

으슬으슬!

어쩜 이렇게 마음씨 고운 댕댕이가 다 있담! 잠깐 기다려 봐.

아빠, 저 감기에 걸린 것 같아요. 댕댕이 산책 좀 부탁 드려도 될까요?

물론이지, 금방 가마!

잠시 후

우아, 산책이다! 신난다!

약국에 잠깐 들르자꾸나!

파피용과 식물들

햇살 좋은 아침

드디어 봄이야!
그 말은…….

우리가 꽃 시장에 간다는 거지!
정말 기대돼!

초록빛 식물은 물론이고,
예쁜 꽃도 잔뜩이네!

이제 집에 갈 시간! 그런데 주인이 너무
욕심을 냈나 봐. 뒷좌석에 다 못 싣겠는걸!

나머지는 여기다 싣자.
됐다, 해결!

집에 와서

지금 바로 옮겨
심어야지!

그러던 어느 날

이런! 트렁크에 둔 식물을 까맣게 잊고 있었잖아! 왜 이제야 떠오른 거야?

멍멍! 멍!

왜 그래? 아참, 내 식물!

어휴, 다 시들어 버렸네!

이게 어떻게 된 거지?

복잡할 거 없어, 파피용! 식물이 살아가려면 빛과 물이 필요하거든. 그런데 트렁크 안에선 둘 다 얻을 수 없으니 문제가 된 거야.

식물은 햇빛에서 에너지를 얻어. 그 에너지를 이용해 공기 중의 이산화 탄소와 흙 속의 물을 재료로 영양분을 만들지. 이 과정을 '광합성'이라고 해.

그래, 조금 어려운 말이긴 하지! 아무튼 걱정하지 마. 이 식물들은 충분한 물과 햇빛만 있으면 다시 살아날 수 있어!

햇빛
공기
물
뿌리

광합성? 처음 들어요.

제가 햇빛을 모아 줘야겠어요!

괜찮아! 화분을 햇빛 잘 드는 창가에 가져다 두면, 잎이 알아서 빛을 흡수할 거야.

얼마 후

와, 다시 살아났어!

휴, 이제 안심해도 되겠어!

놀라운걸!

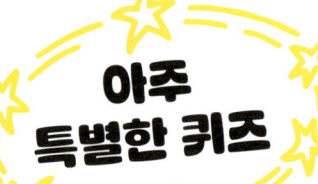
스패니얼의 '생물 분류 대탐험'

안녕하세요, 여러분! 스패니얼과 함께하는 퀴즈 시간이에요! 오늘의 주제는 '생물 분류하기'랍니다. 도전해 볼까요?

'생물 분류'란 생물들을 공통된 특징에 따라 서로 다른 무리로 나누는 것을 말해요. 예를 들어, 옆에 두 동물 중 어느 쪽이 개일까요?

어렵지 않게 개와 닭을 구별할 수 있지요? 그게 바로 분류예요. 물론 더 복잡하지만요.

자, 아래에 열 가지 서로 다른 생물이 있어요. 각각 오른쪽 페이지에 나와 있는 다양한 생물 무리 중 어디에 속하는지 분류해 보세요. 위에 등장한 닭은 '조류'에 들어간답니다. 자세히 보면 힌트도 있어요. 준비됐나요? 시작합니다!

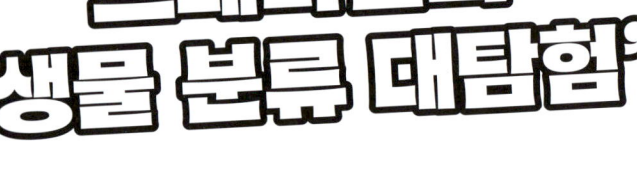

소나무

백상아리

딱정벌레

버섯

스패니얼

불가사리

앨버트로스

민들레

문어

아나콘다

모든 생물은 마치 나뭇가지처럼 갈라져 나와 다양한 무리를 이루고 있어요.

뉴펀들랜드와 산책길의 새 둥지

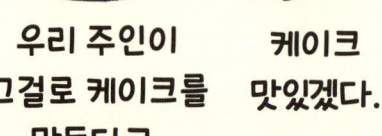

* 강아지는 일반 케이크를 못 먹어요!

집에 돌아와서……

어떻게 된 일인지 알아봐야겠어! 강가에 왜 알이 있었던 거지? 그리고 왜 전부 깨져 버린 거야?

아하! 그 알 속에 새끼 백조가 있었던 거구나! 새들은 알을 낳고, 거기서 새끼가 부화한대.

수컷 백조

암컷 백조

새끼 백조의 성장

둥지

알

부화

새끼 백조

그럼 냉장고에 있는 달걀들은 왜 부화하지 않는 걸까?

아~, 우리 집 냉장고에 있는 달걀은 암탉이 혼자 낳은 알이라서 그렇구나. 달걀에서 병아리가 부화하려면, 수탉과 암탉이 둘 다 있어야 하네!

몇 주 후……

아기 백조들이 언제 이렇게 컸지? 너무 귀엽다!

저리 가!

으아아아악!

그레이트데인은 괴로워!

따사로운 정원에서

아, 따뜻한 햇살!
이게 바로
행복이지!

흠냐아옹.

그때……

어라, 이게 뭐지?
쫓아가 보자!

부우웅~.

멍! 컹컹!
멍멍멍!

헤헤,
잡았다!

따끔!

으악! 따가워!
아야야야!

이번엔 또 뭐야!
풀들이 날 막 쏘고 있어!

따끔!

따끔! 따끔!

진정해, 사고뭉치야!
가만히 있으면
안 쏘인다고!

정원에 있는
것들이 죄다
날 공격한다고.
살려 줘!

저런, 무척 따갑고 욱신거리겠구나.

맞아요, 정말 아파요. 곤충이고 풀이고 왜 저를 이렇게 괴롭히는 거죠?

글쎄, 내 생각에는 아무래도 네가 먼저 건드린 게 아닌가 싶다만.

말벌은 쏠 수 있는 뾰족한 침을, 쐐기풀은 닿으면 따끔거리는 작고 날카로운 가시를 가지고 있거든.

말벌   쐐기풀

침 →
가시 →

대체 왜요?

자신을 잡거나 먹으려 드는 동물로부터 스스로를 지키기 위해서야! 말벌과 쐐기풀은 몸집이 아주 작지. 하지만 날카로운 침 덕분에 너처럼 큰 동물도 물리칠 수 있어.

제가 좀 크긴 하죠!

세상에, 우리 댕댕이! 대체 무슨 일이야!

끼잉끼잉~.

아픈 걸 참은 거니? 아유, 기특해라! 간식 줄게.

이거 불공평하잖아!

'생물'
총정리

자, 생물 세계에
대한 이야기는
여기까지야.
잘 따라왔겠지,
도베르만 조수?

그게요
…….

이런, 딴청이라도 피운 거니?
걱정하지 마.
아래에 핵심 내용만 쏙쏙
정리해 뒀으니까!

휴!

세상에는 정말 많은 생물이 있어요!

식물, 동물, 버섯, 그리고 아주 작은 박테리아까지. 다양한 생물이
우리 주변에서 함께 살아가고 있답니다. 그리고 생물들은
특징에 따라 서로 다른 종으로 분류돼요.

생물은 영양분이 필요해요.

생물이 자라고 몸의 기능을 유지하려면 영양분이 필요해요.
동물들은 먹어서 영양분을 얻지요. 특히 래브라도는
식욕이 왕성하기로 유명하답니다!

필요 없는 것들은
몸 밖으로 내보내요.

음식을 먹고 나서 필요한 영양소가 동물의
몸에 흡수되고 나면, 나머지는 배설물로
나와요. 다른 생물들도 마찬가지예요.
식물이나 박테리아는 필요 없는 걸
기체 형태로 내보낸답니다.

외계 생물은 존재할까요?

다른 행성이나 우주 어딘가에 외계 생물이
있을지도 몰라요. 언젠가 발견된다면,
아마 박테리아처럼 단순한 생물일 가능성이 커요.

구름은 살아 있는 게 아니에요.

생물은 자라고, 움직이고, 변화해요. 하지만 변한다고 해서
모두 생물인 것은 아니에요. 영양분을 먹고,
찌꺼기를 내보내며, 스스로를 복제하거나
번식할 수 있어야 생물이라고 할 수 있답니다.

생물은 감각 능력이 있어요.

생물은 주변 환경을 느낄 수 있어요. 동물은 보고, 듣고, 냄새를 맡고, 맛을 볼 수 있지요. 식물은 빛을 향해 자라요. 개는 감각 능력을 활용해 물건을 찾거나 위험을 알아차릴 수 있어요. 그래서 훈련을 거쳐 사람을 돕는 안내견이 되기도 한답니다.

생물은 진화해요.

세상의 다양한 생물은 시간이 흐르면서 진화하고 변화해요. 그 과정에서 새로운 종이 생겨나기도 하지요. 또 의도적으로 새로운 품종을 만들어 내기도 해요. 그렇게 해서 지금은 예전에 없던 다양한 개 품종이 생겨났답니다.

병원균은 질병을 일으켜요.

병원균은 세균이나 바이러스처럼 다른 생물의 몸에 들어가 병을 일으키는 아주 작은 생물이에요. 우리가 감기나 독감에 걸리는 것도 병원균 때문이랍니다.

새는 알을 낳아요!

악어, 거북이, 물고기, 나비 같은 동물도 알을 낳아요. 알 속에서 새끼가 자라다가, 부화해서 세상에 나온답니다.

식물은 빛이 필요해요!

식물에게는 음식을 먹는 입이 없어요. 대신 식물은 물과 이산화 탄소를 빨아들여서, 햇빛에서 얻은 에너지를 이용해 자신이 쓸 수 있는 영양분으로 바꾸지요. 이걸 '광합성'이라고 해요.

생물은 스스로를 방어해요.

생물이 다른 생물에게 잡아먹히는 일은 흔해요. 그래서 어떤 생물은 자신을 지키기 위해 뾰족한 침이나 가시, 날카로운 돌기를 갖고 있답니다.

생각하면 할수록 생물은 정말 놀라워요, 푸치 교수님.

그래, 그렇고말고!

특히 댕댕이요!

맞는 말이야. 댕댕이가 최고지!

푸들의 깜짝 퀴즈

지금까지 우리는 생물에 대해 많은 걸 배웠어요.
이제 퀴즈로 한번 복습해 볼까요?
책을 꼼꼼히 읽었다면 거의 모든 정답을 찾을 수
있을 거예요. 책에 없는 내용도 조금 있으니,
그건 직접 조사해 보아요!

1. 지구에는 얼마나 많은 생물 종이 있을까요?

① 4종

② 100종

③ 100만 종 이상

2. 동물의 몸에서 '장'은 무슨 일을 할까요?

① 색깔을 보고 구별한다.

② 음식에서 영양소를 흡수한다.

③ 소리를 내고 대화한다.

**3. 다음 중 동물의 배설물에서 발견되는
생물은 무엇일까요?**

① 개미핥기

② 박테리아

③ 고양이

**4. 왜 인간은 아직 외계 생물을 발견하지
못했을까요?**

① 그 이유는 아무도 모른다.

② 너무 작아서 보이지 않기 때문에.

③ 적극적으로 찾으려 하지 않아서.

**5. 눈과 귀는 어디로 신호를
보낼까요?**

① 발

② 뇌

③ 컴퓨터

**6. 다음 중 모든 생물이 공통적으로
할 수 있는 것은 무엇일까요?**

① 자라고 성장한다.

② 주변 환경을 느낀다.

③ 영양분을 섭취한다.

7. 찰스 다윈이 탐사를 떠날 때 탄 배의 이름은 무엇일까요?

① 비글호

② 폭스테리어호

③ 후들호

 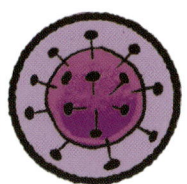 

8. 다음 중 병원균에 해당하는 것은 무엇일까요?

① 바이킹

② 바이러스

③ 댕댕이

9. 식물은 빛을 이용해 무엇을 할까요?

① 길을 찾는다.

② 책을 읽는다.

③ 영양분을 만든다.

10. 새끼 백조를 부르는 이름은 무엇일까요?

① 따로 없음.

② 병아리

③ 강아지

＊정답은 32쪽에 있어요!

난센스 퀴즈

강아지가 열이 펄펄 나면 뭐라고 부를까요?

핫도그!

정답

이제 각 생물이 달리 분류된다는 걸 알겠지요?

스패니얼의 '생물 분류 대탐험'

백상아리 ⇒ 어류

불가사리 ⇒ 극피동물

버섯 ⇒ 균류

딱정벌레 ⇒ 곤충

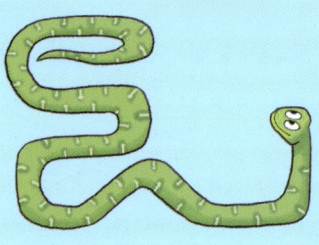
아나콘다 ⇒ 파충류

스패니얼 ⇒ 포유류

앨버트로스 ⇒ 조류

민들레 ⇒ 꽃식물

문어 ⇒ 연체동물

소나무 ⇒ 침엽수

푸들의 깜짝 퀴즈

1. ③
2. ②
3. ②
4. ①
5. ②
6. 모두 정답!
7. ①
8. ②
9. ③
10. ①